Dieses Schwungübungsbuch gehört

Name
____

Adresse
____

____

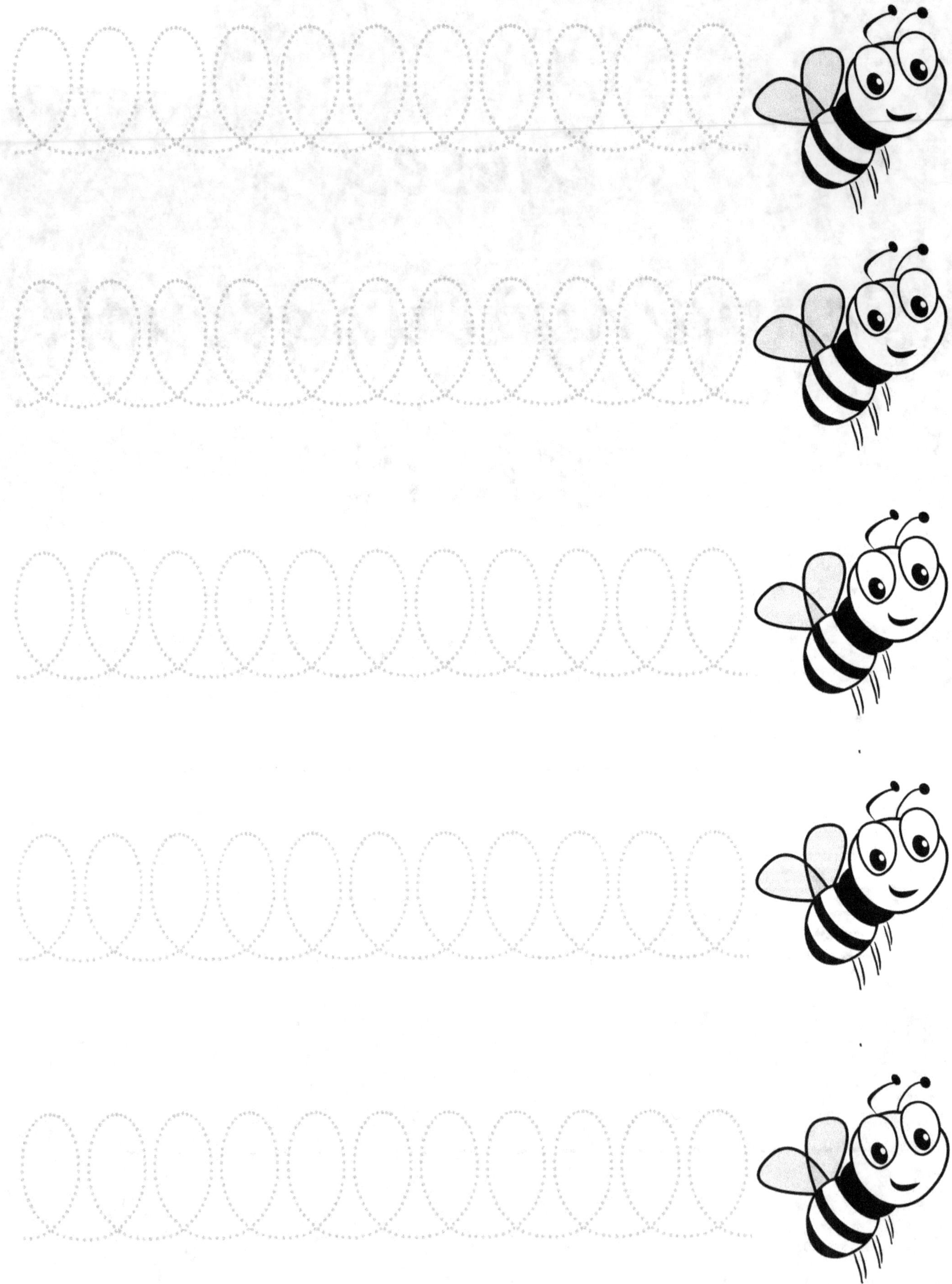

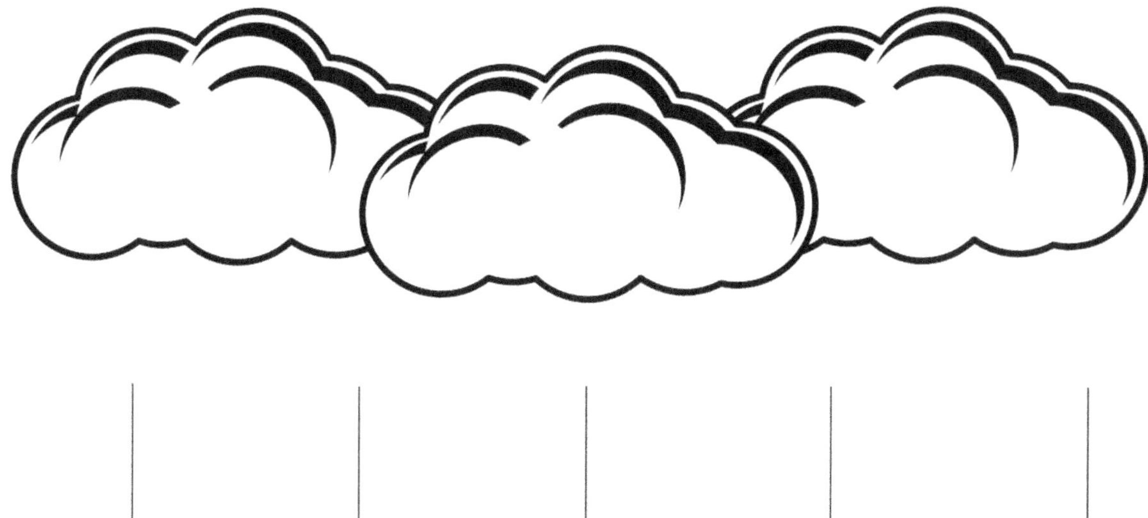

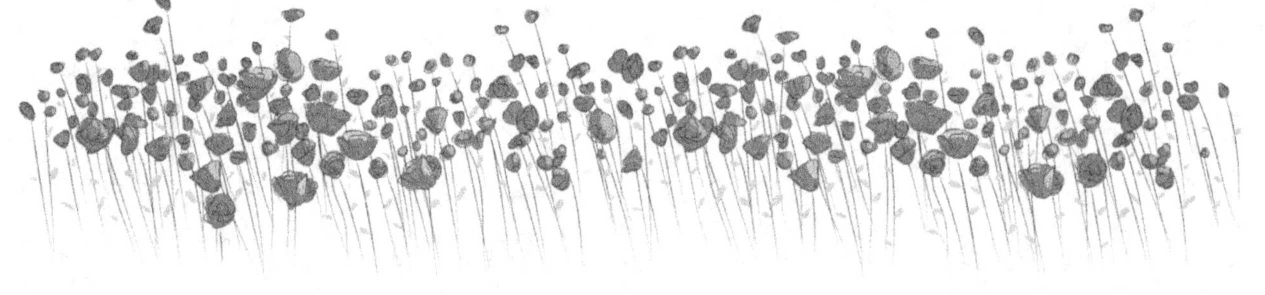

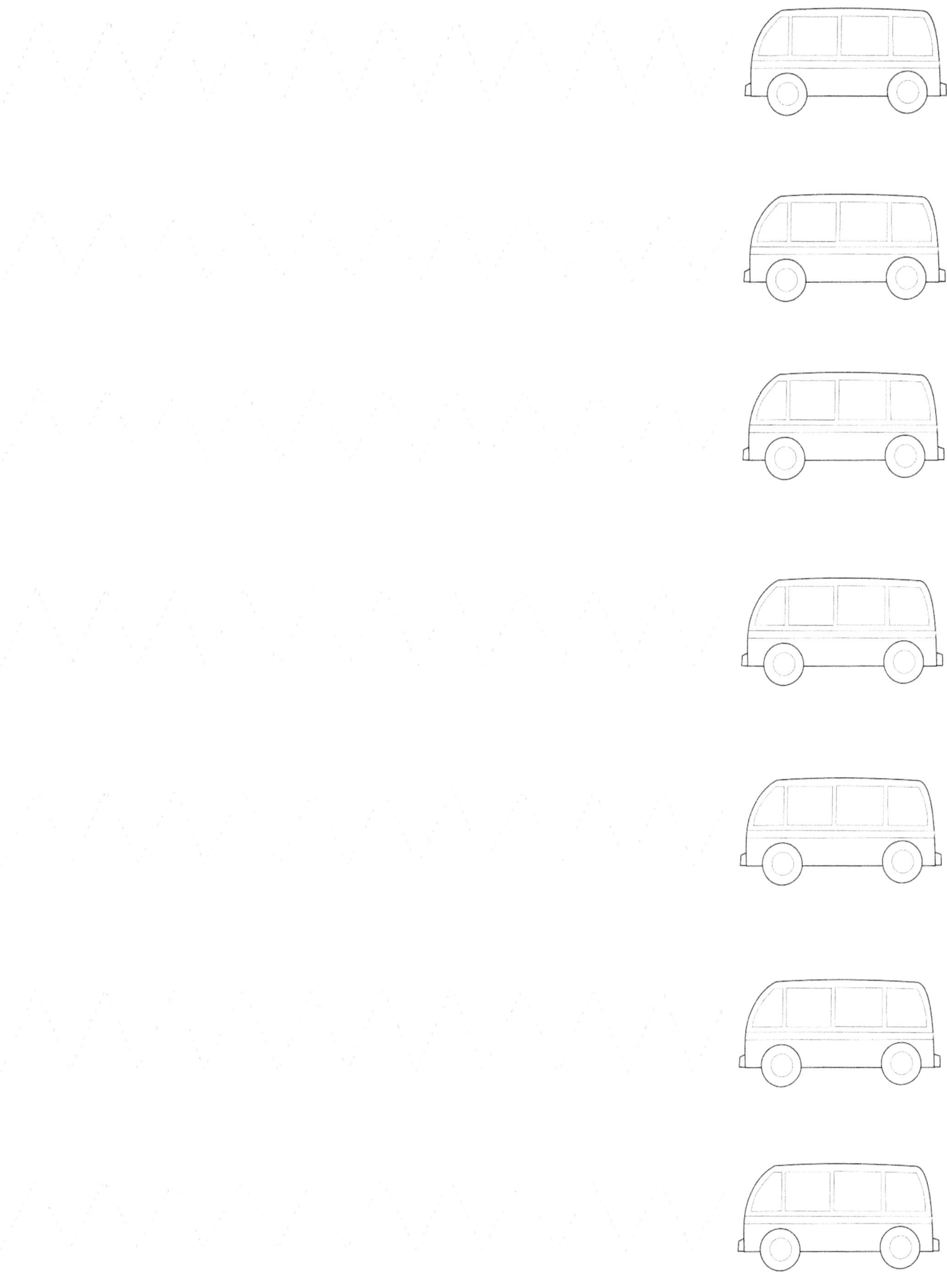

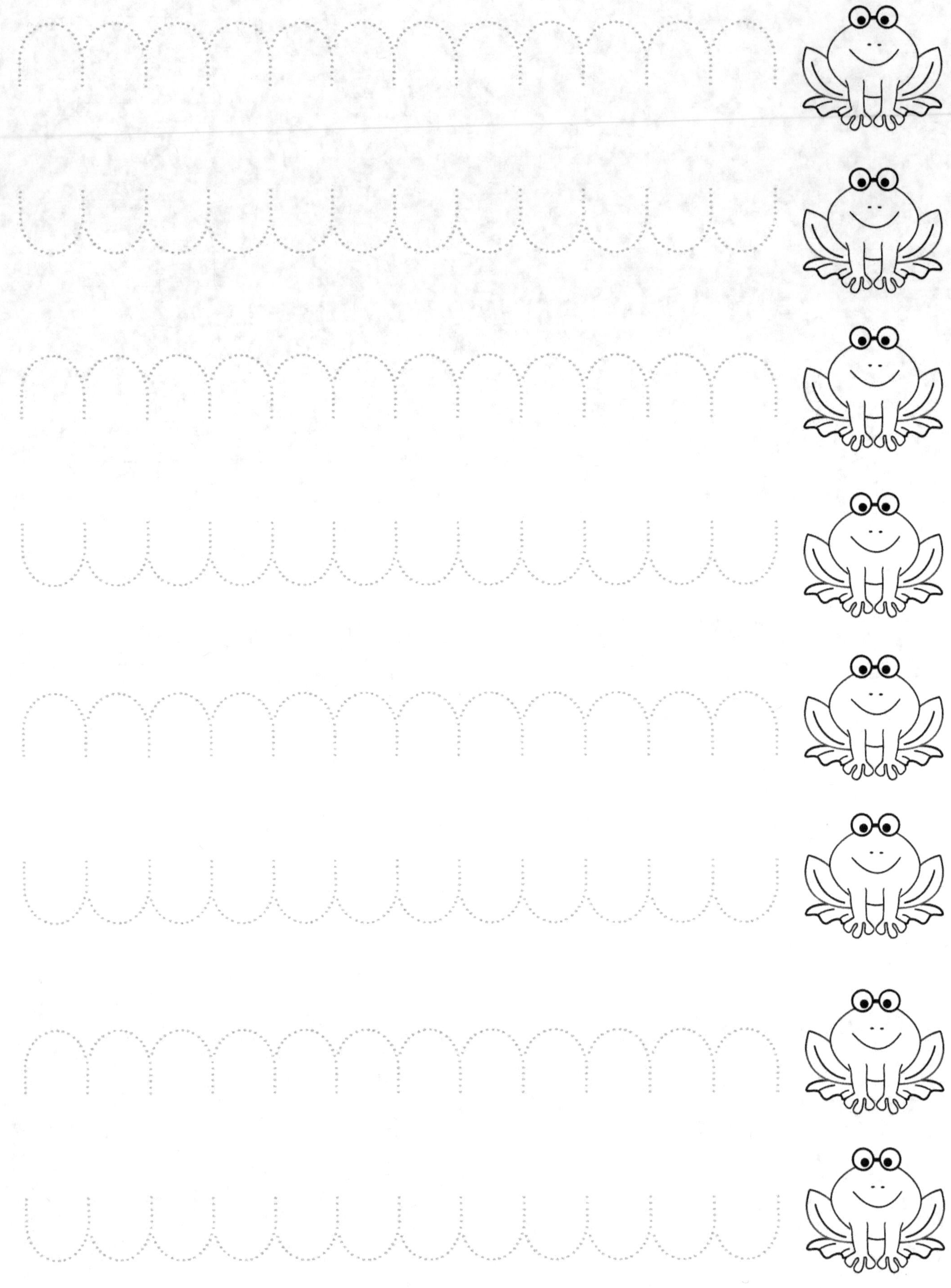

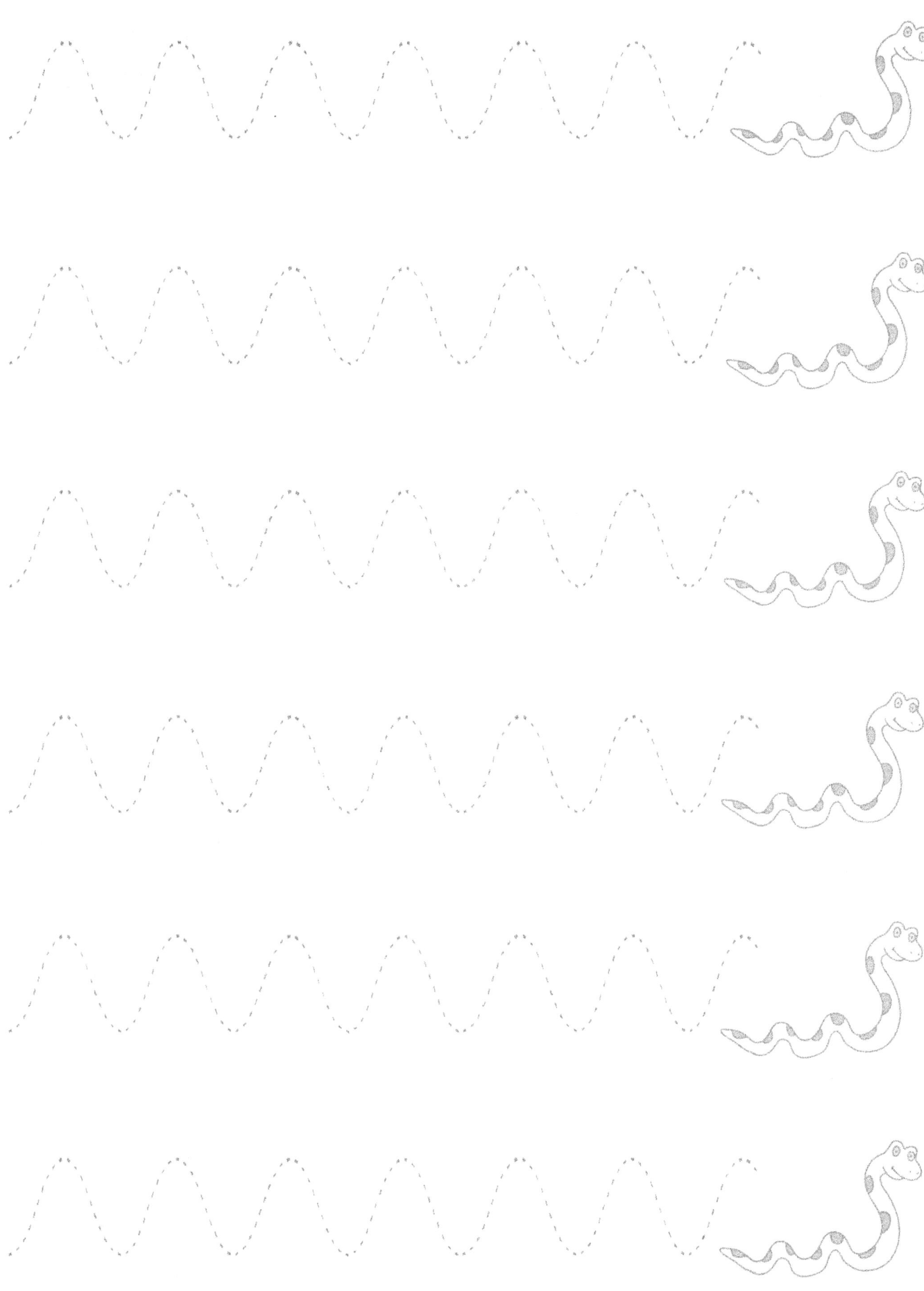

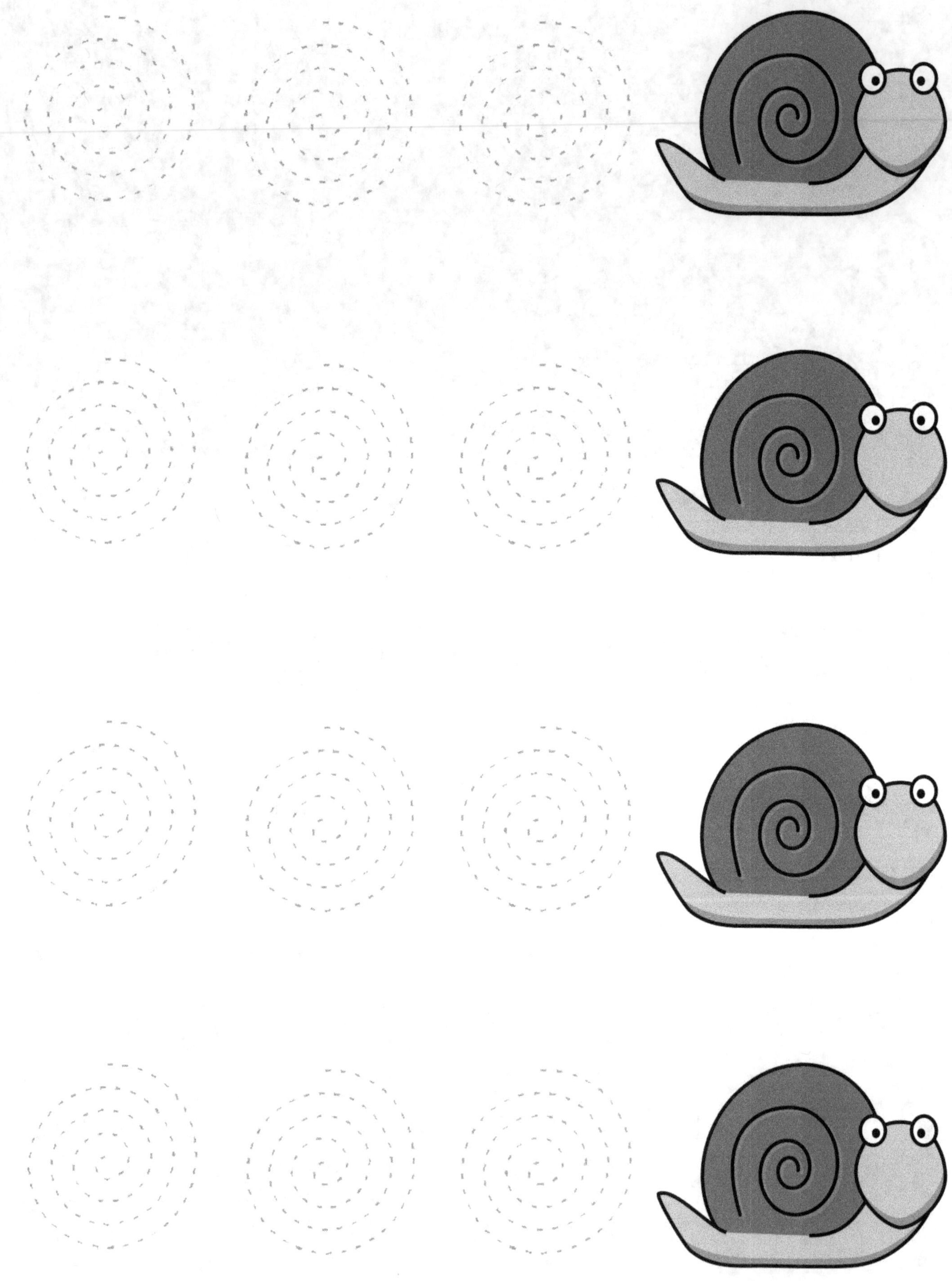

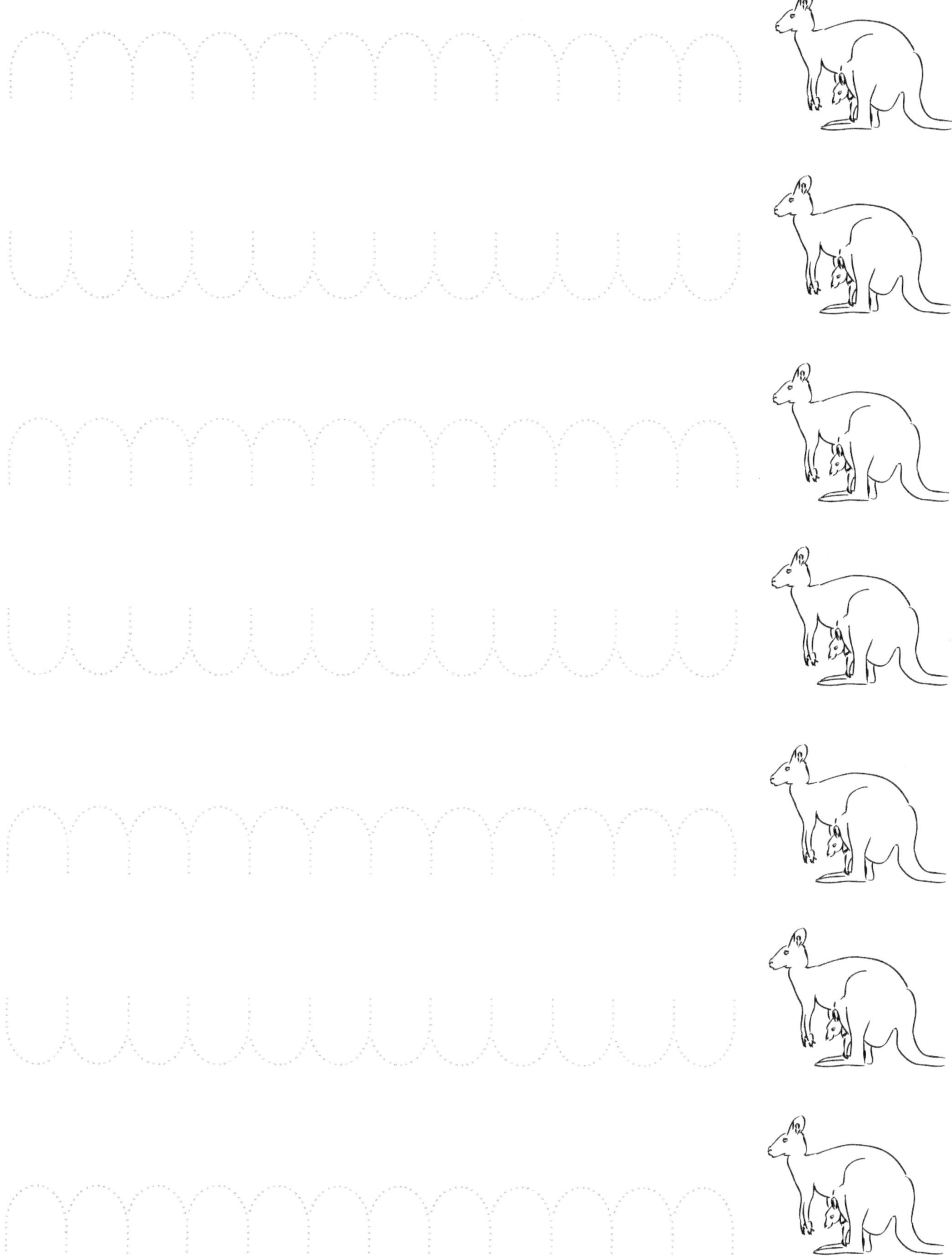

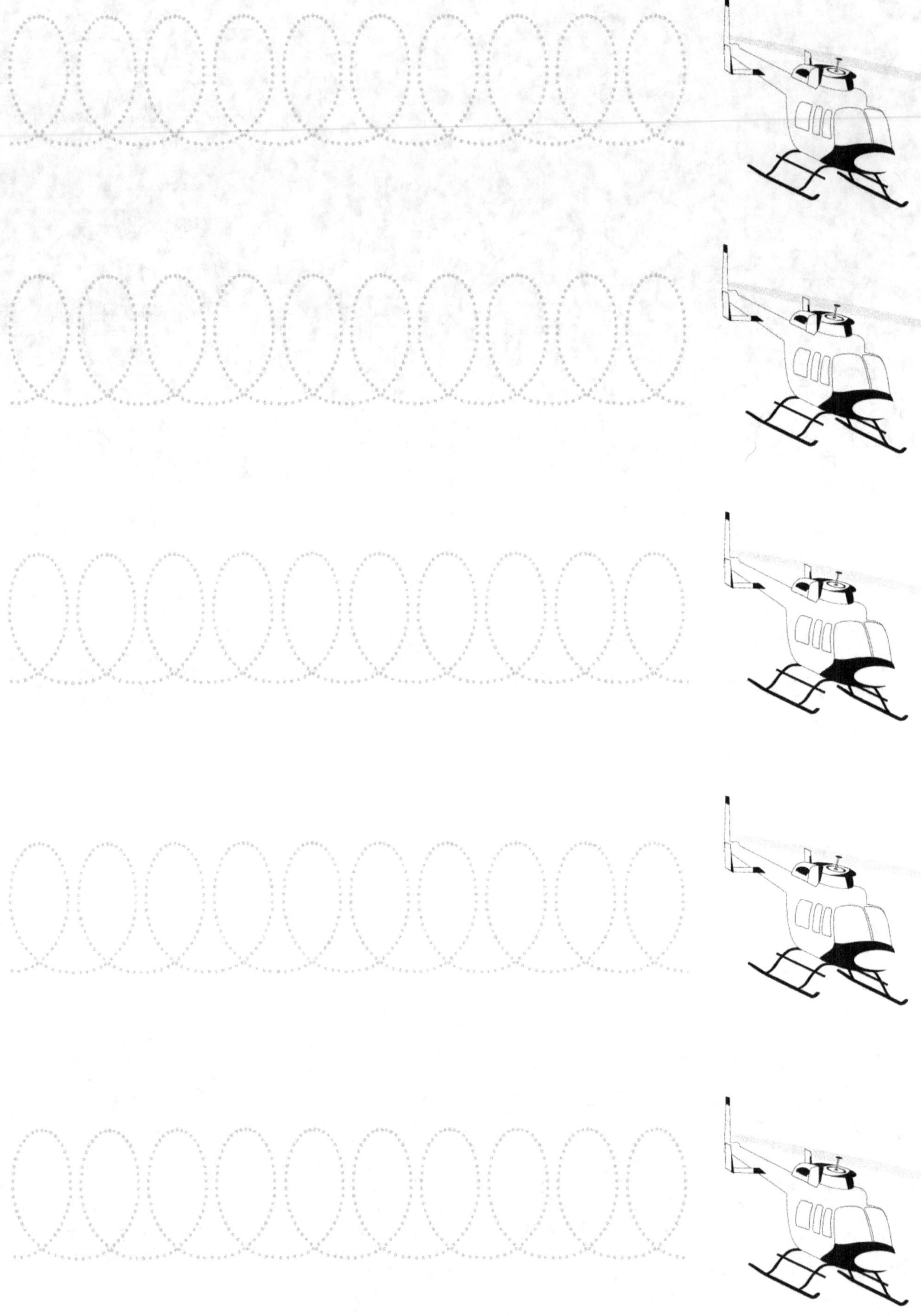

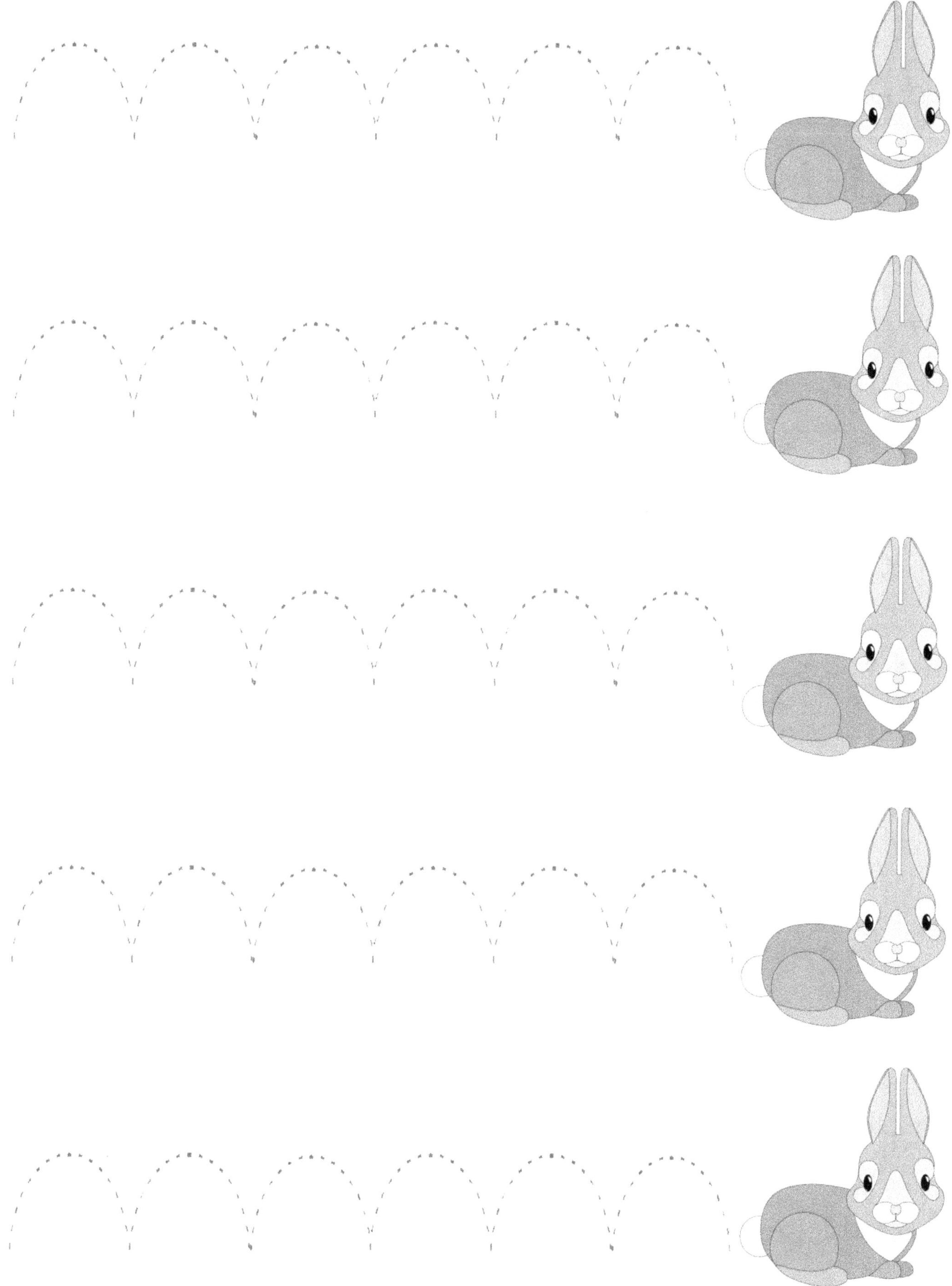

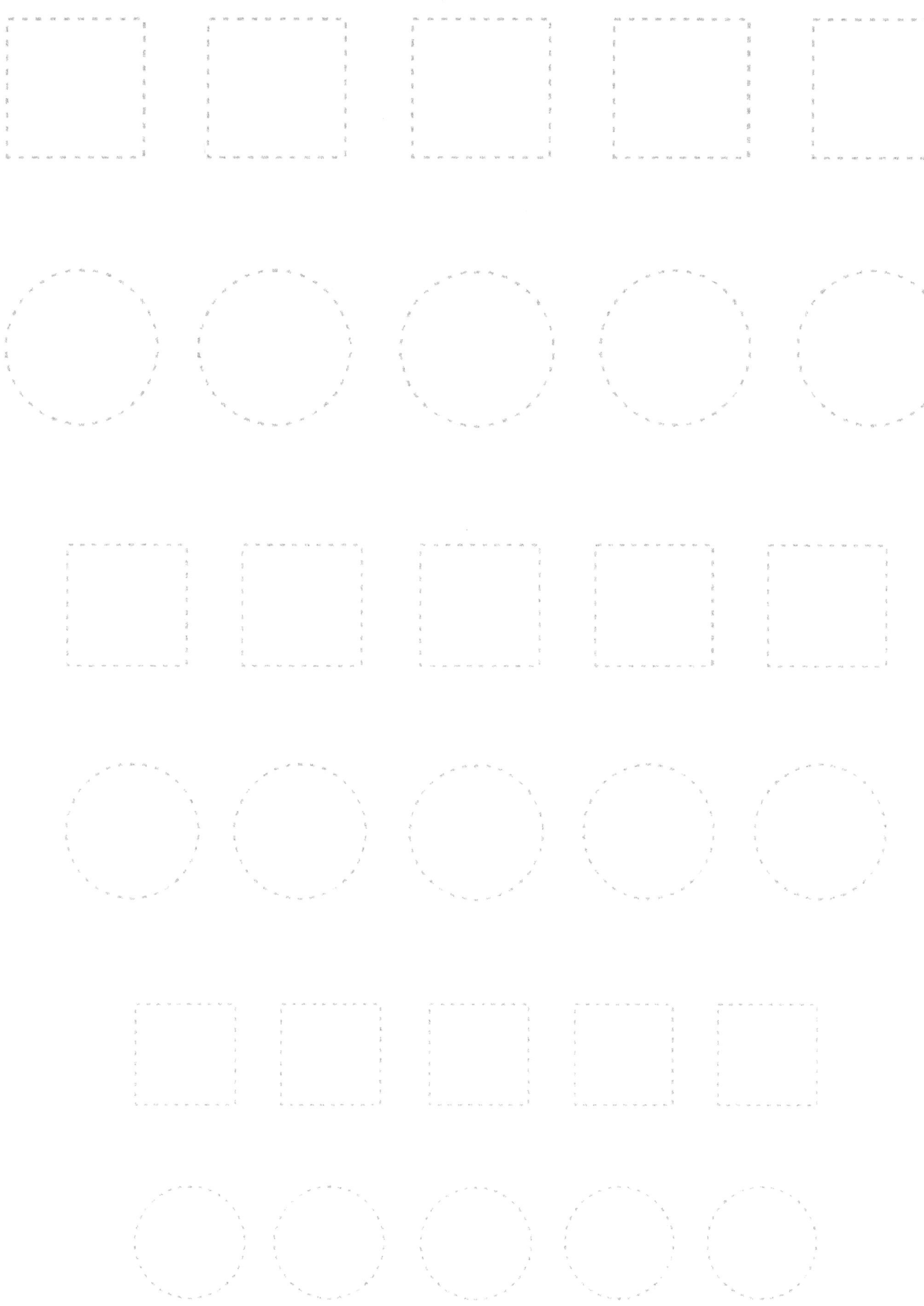

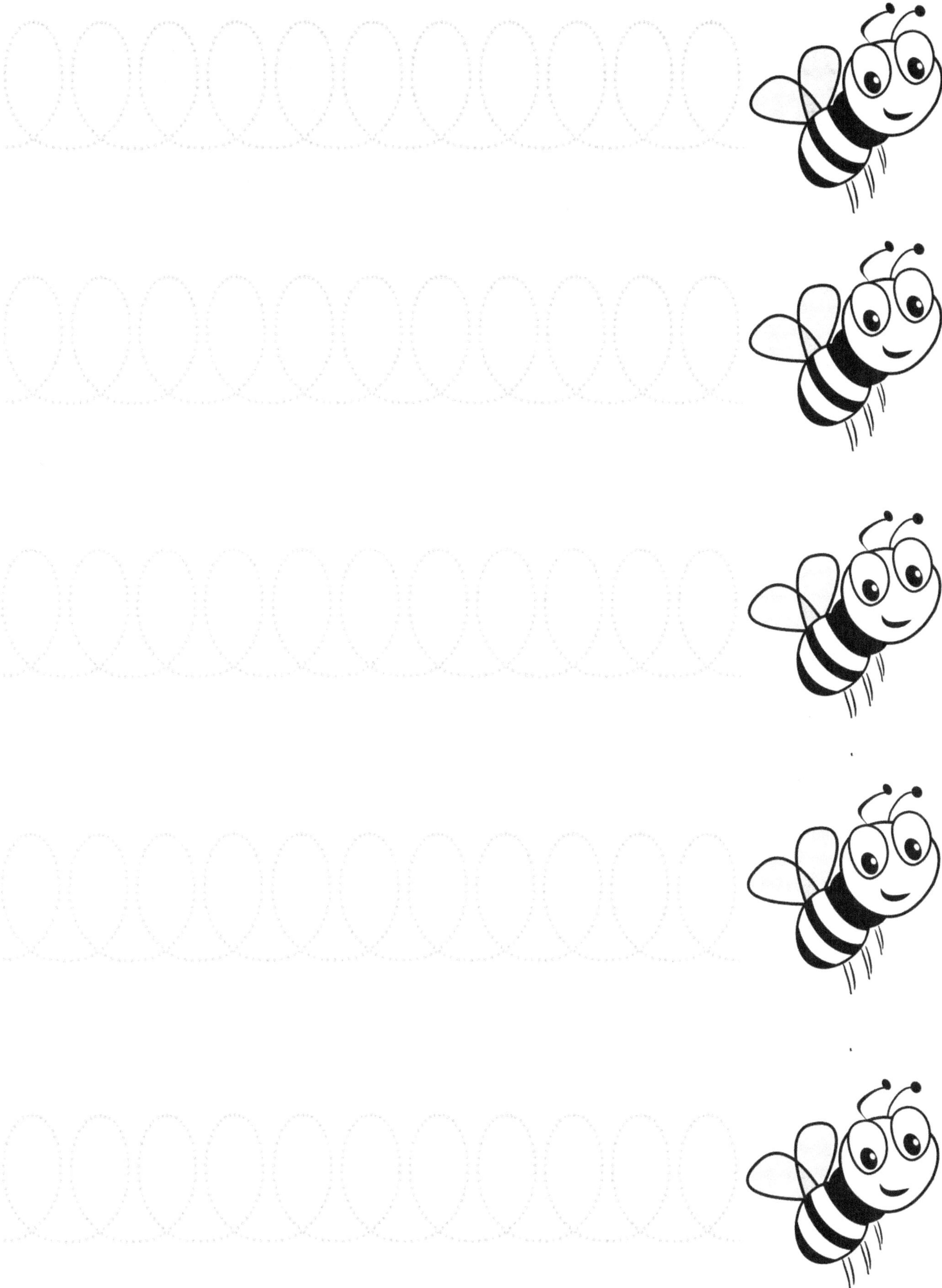

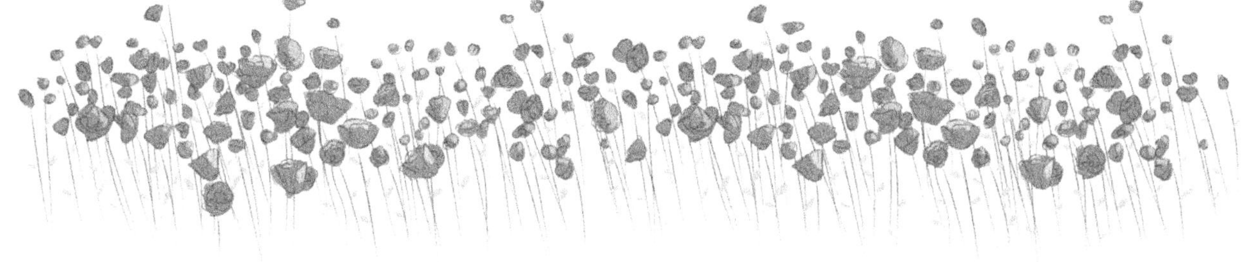

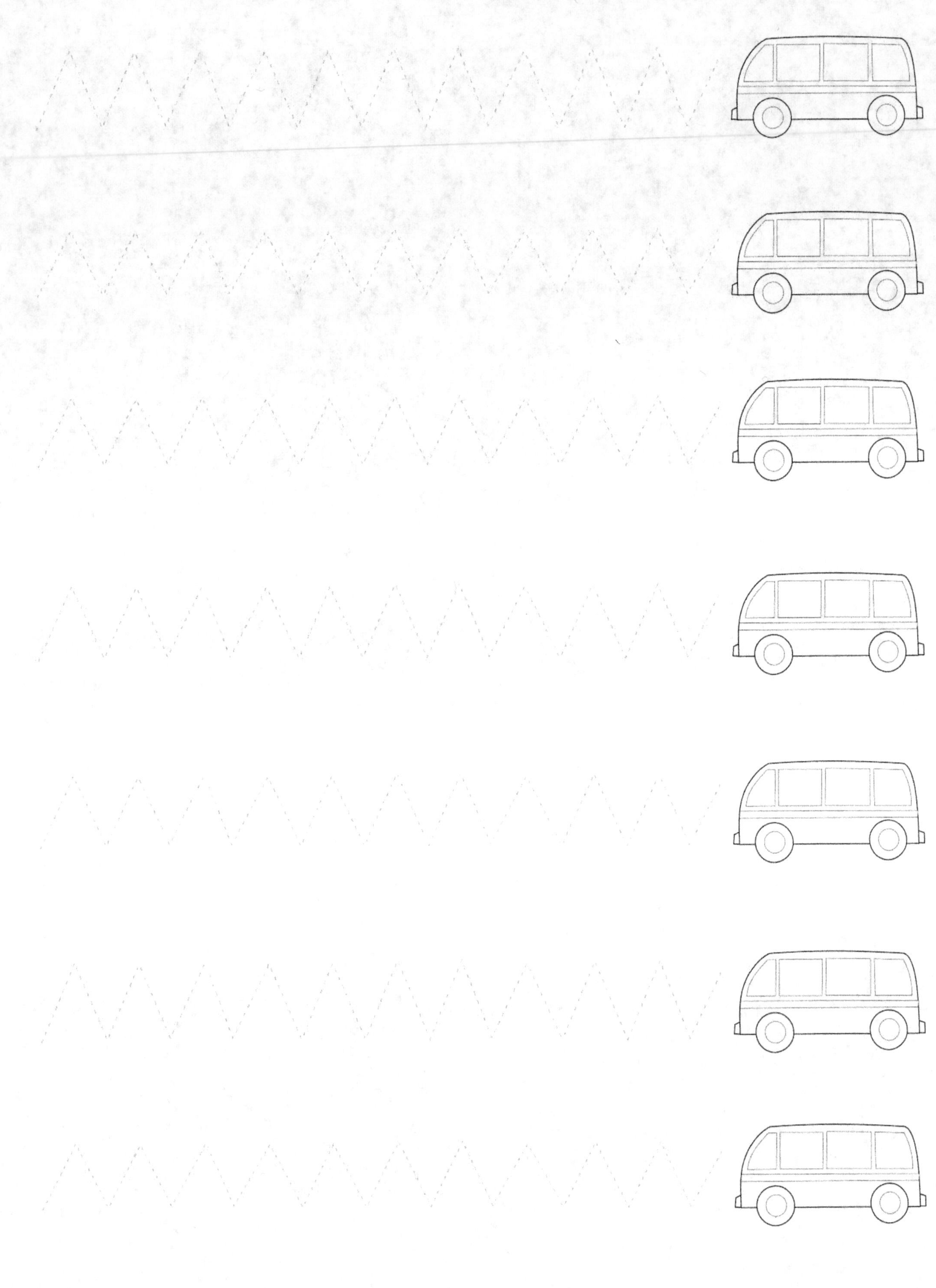

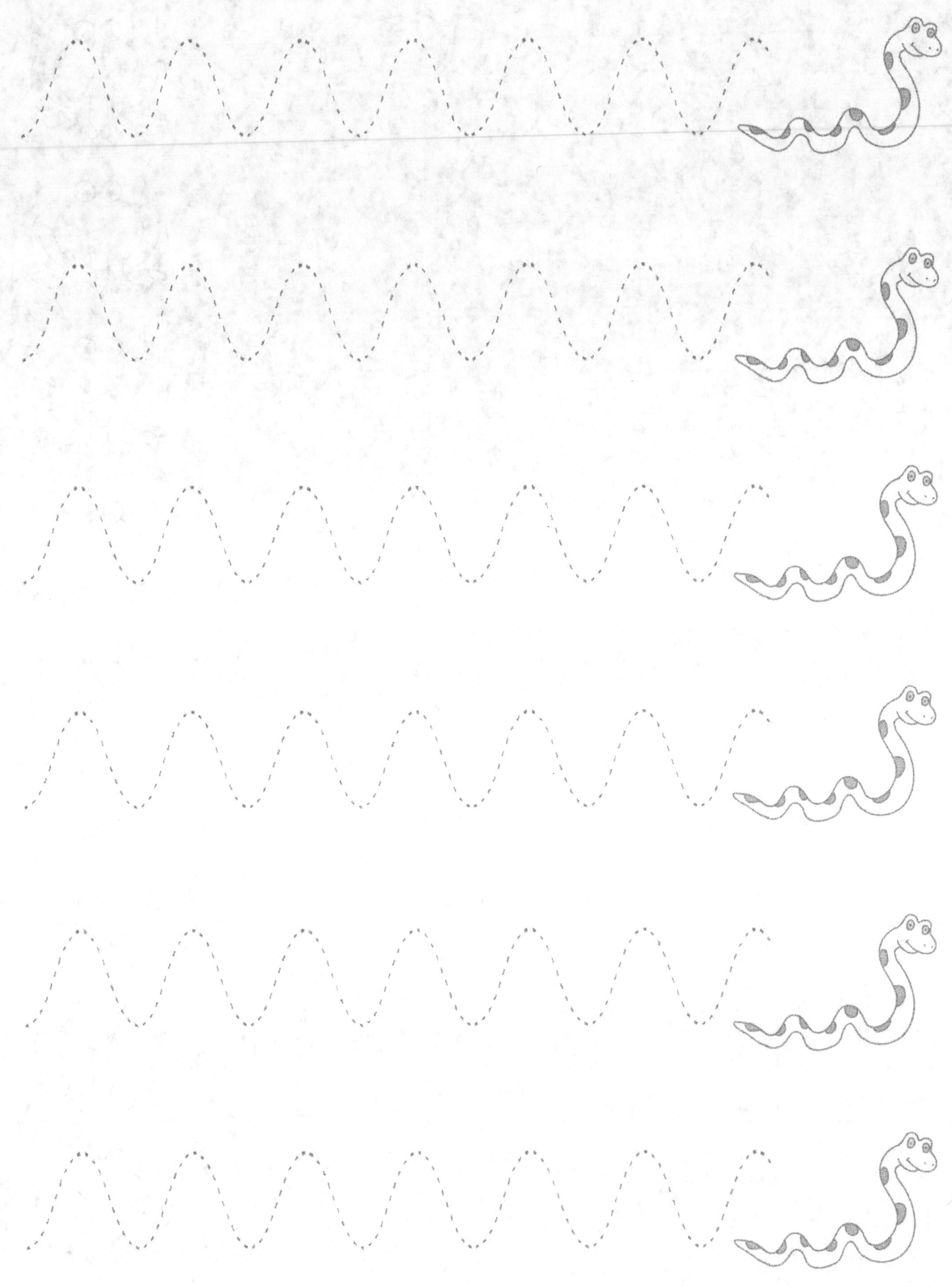

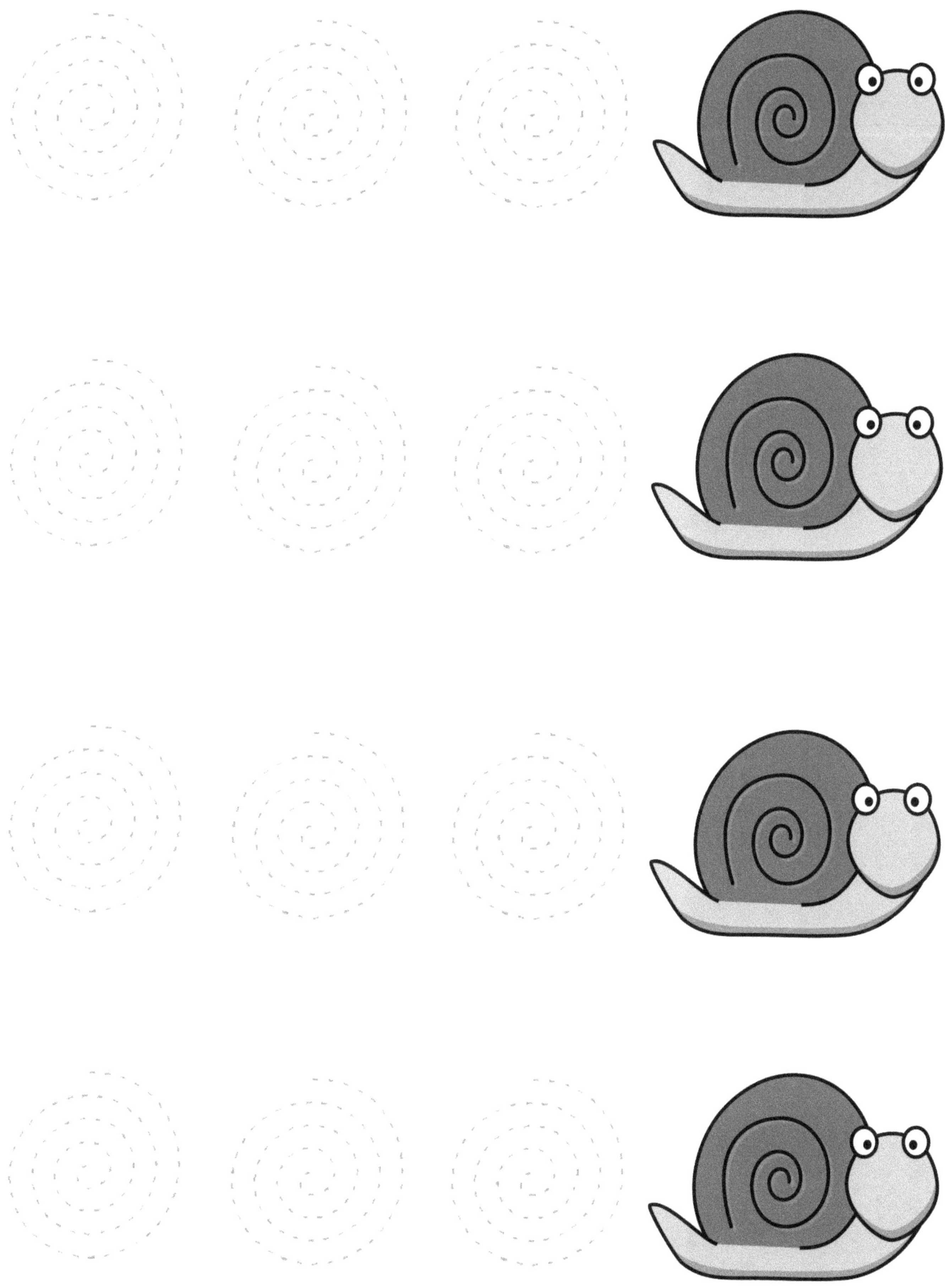

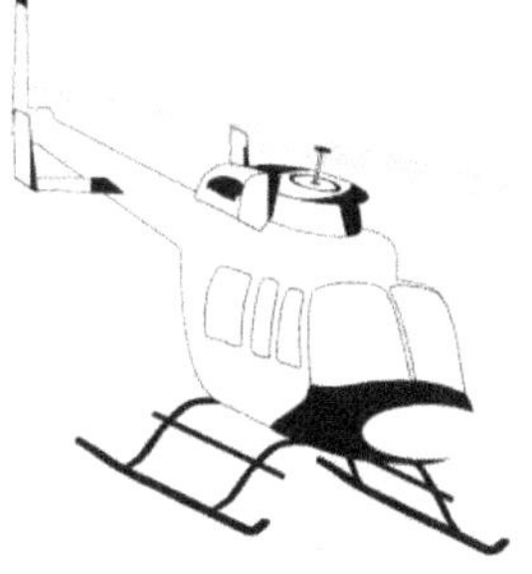

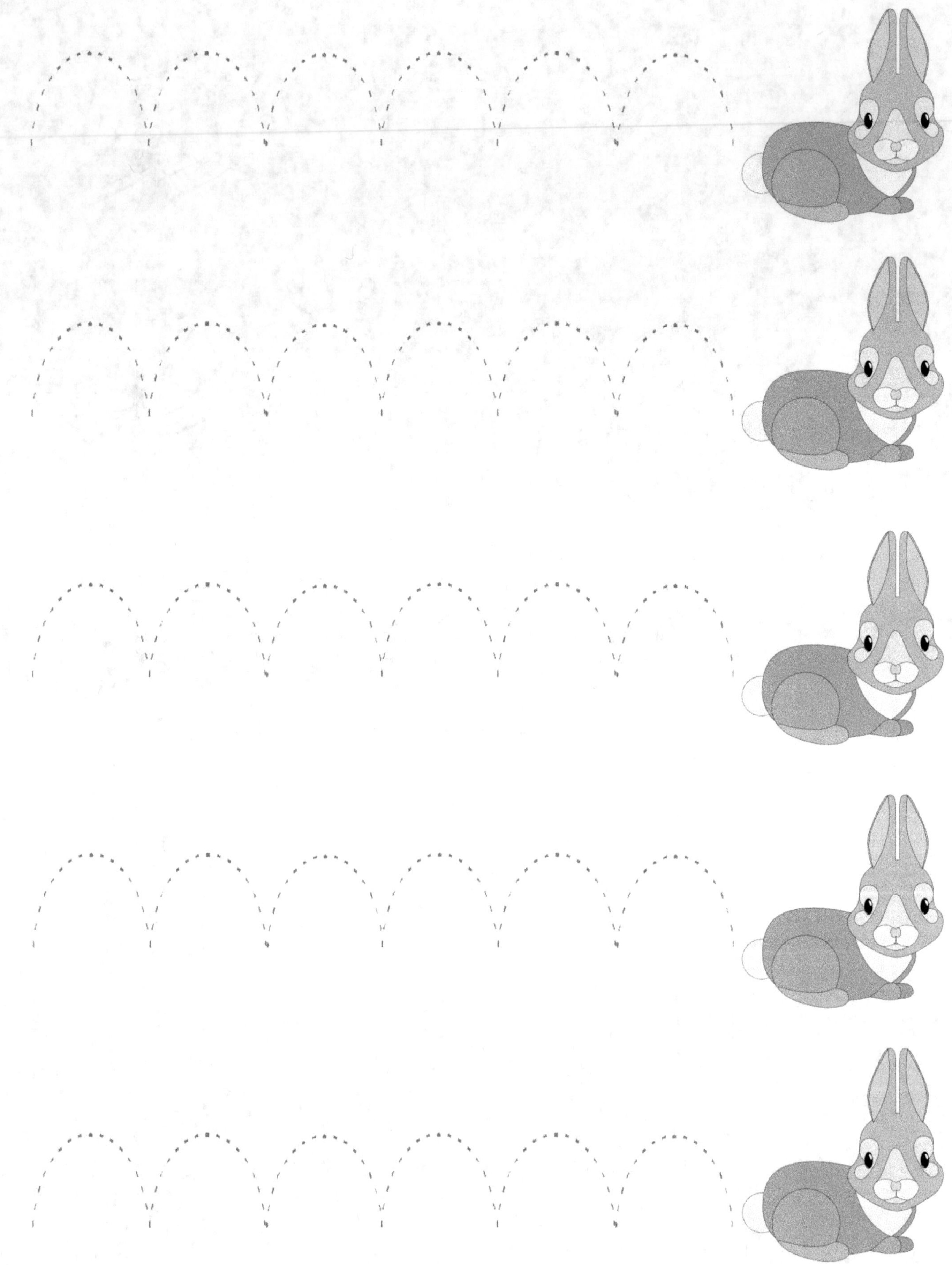

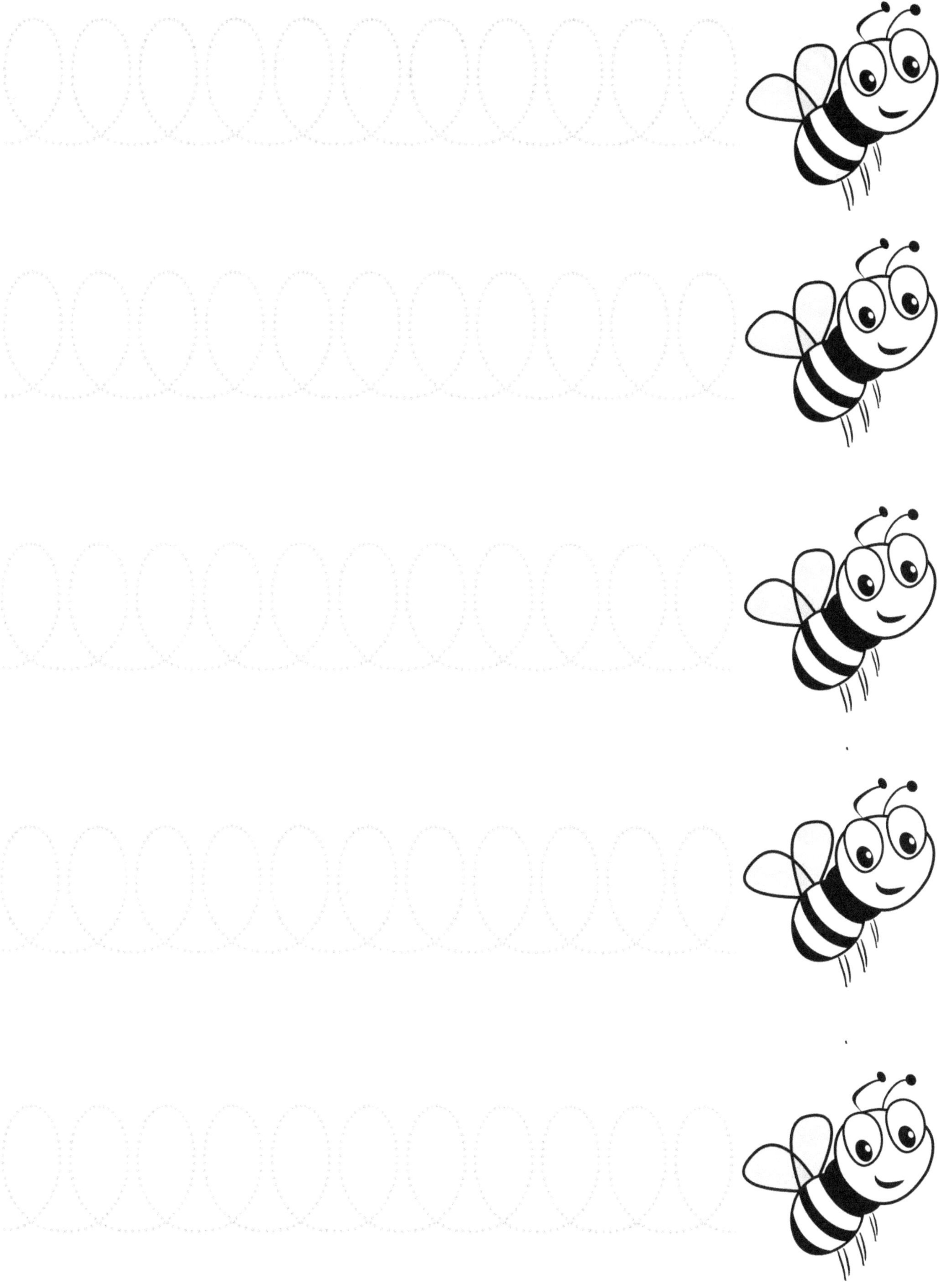

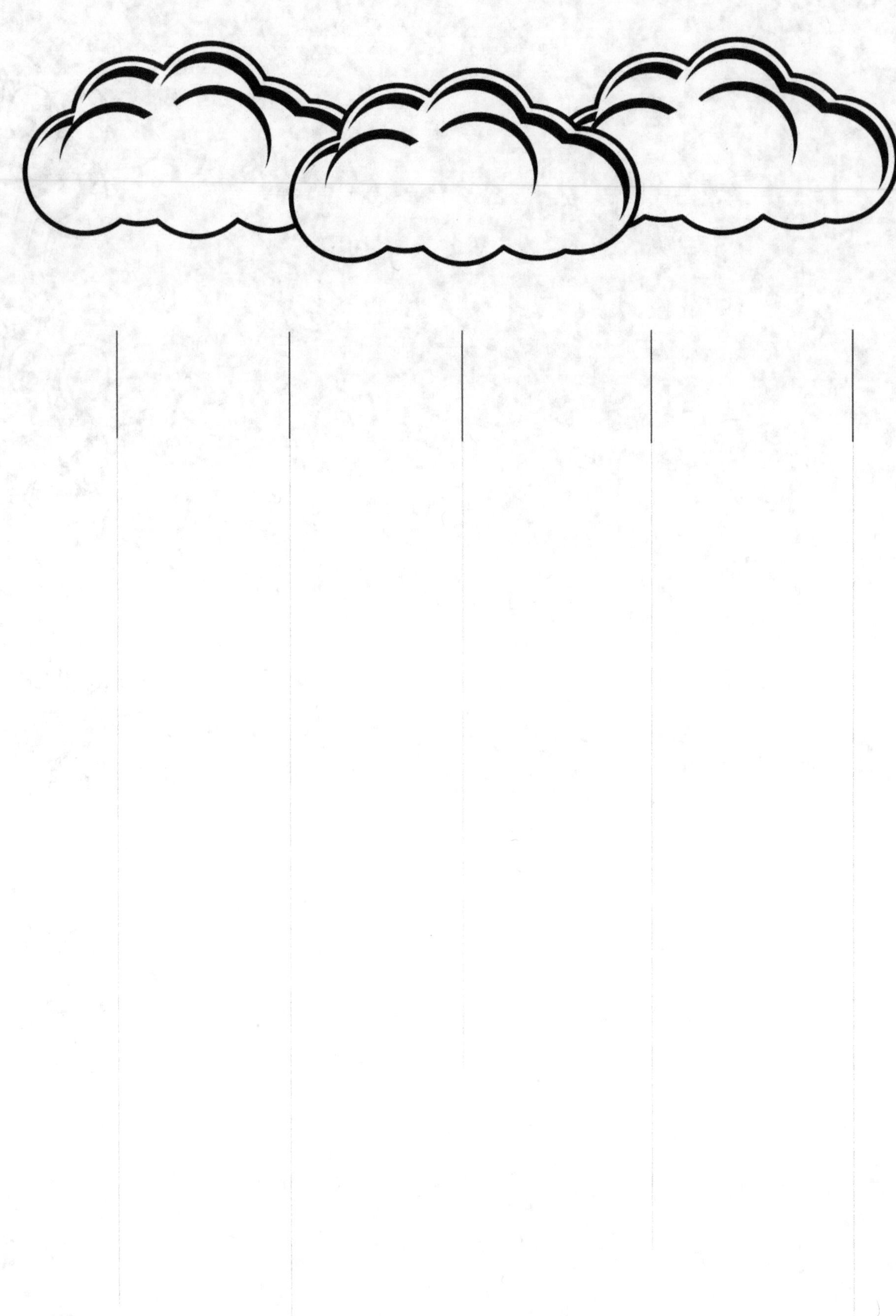

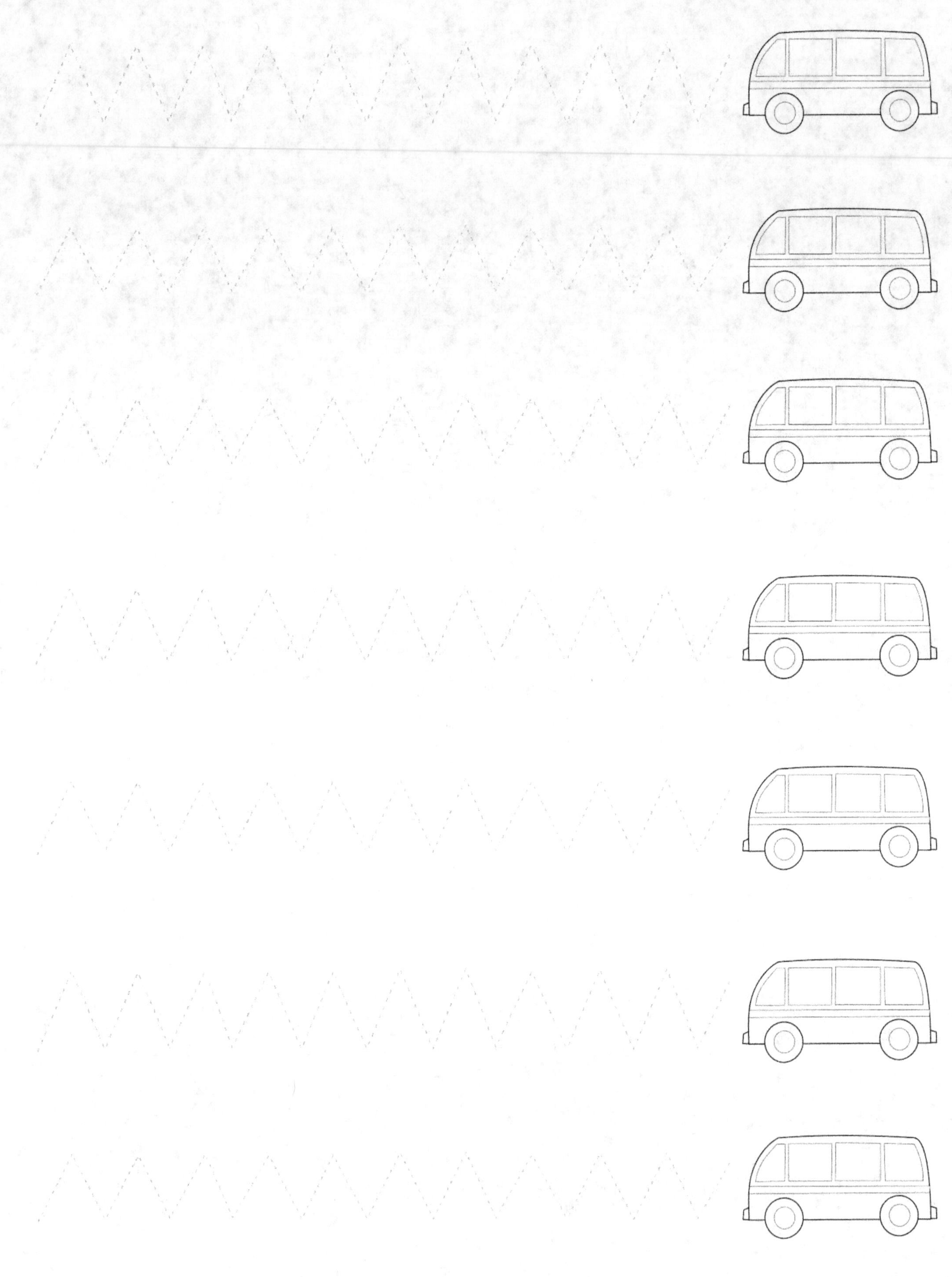

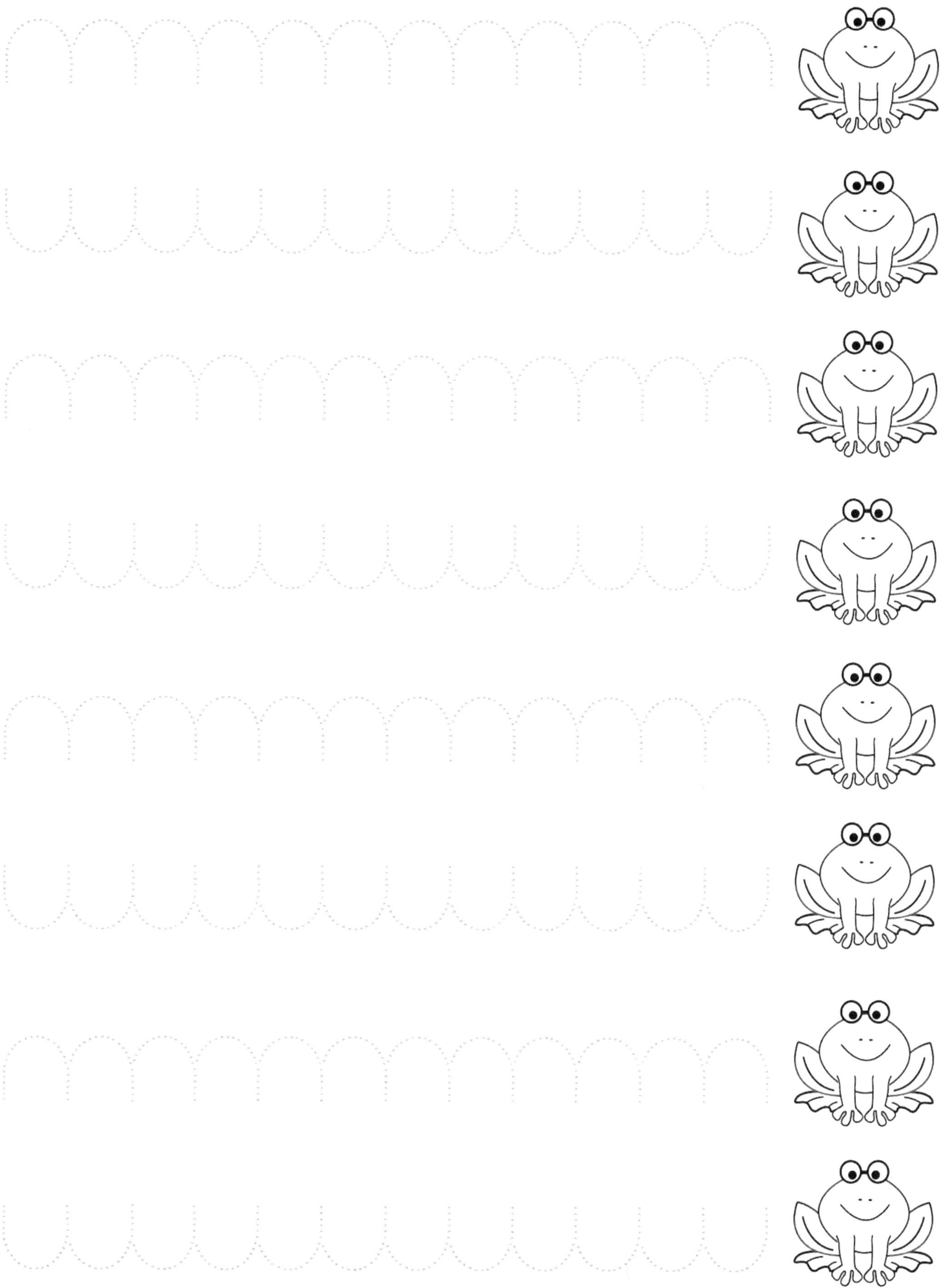

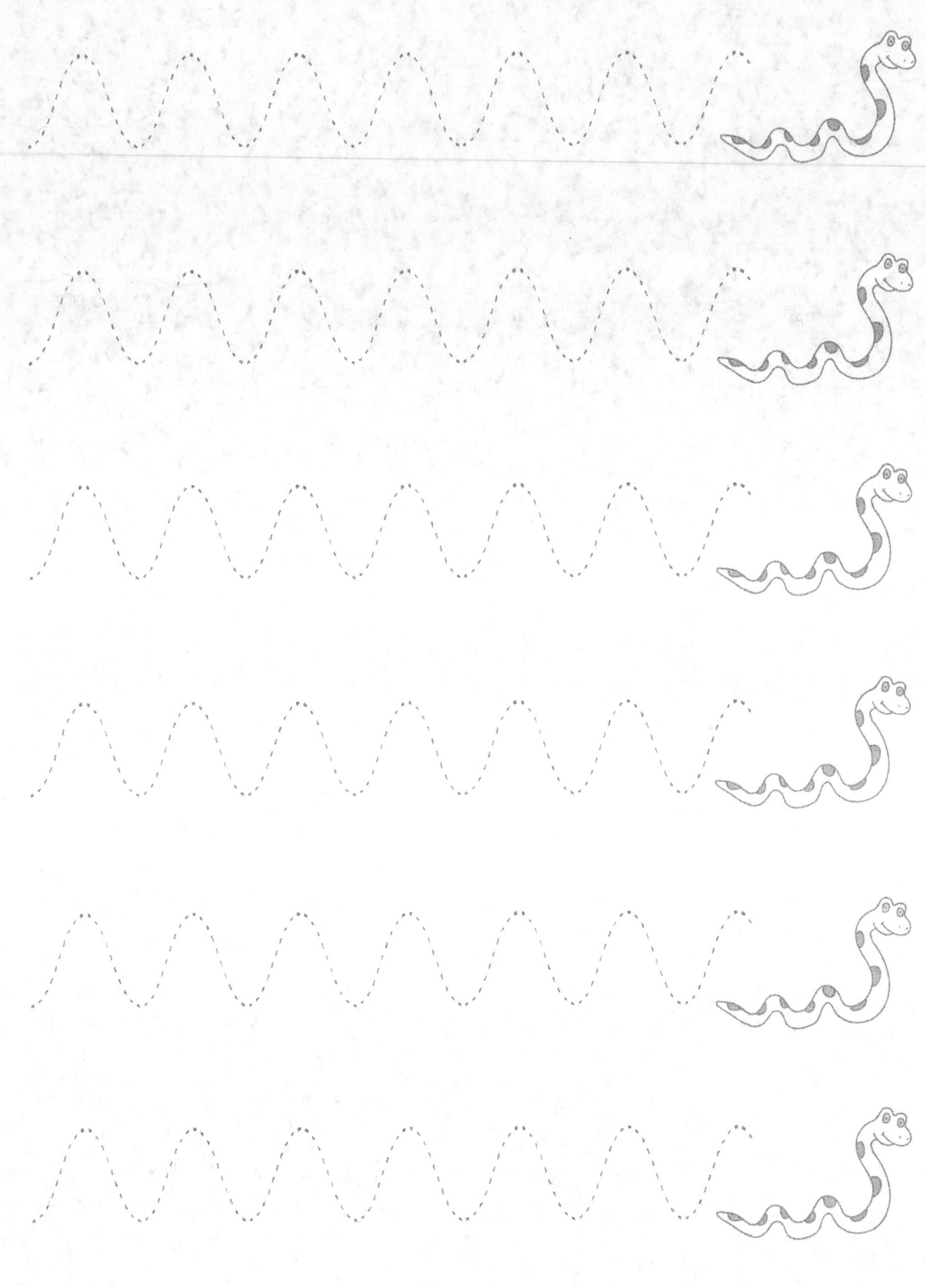

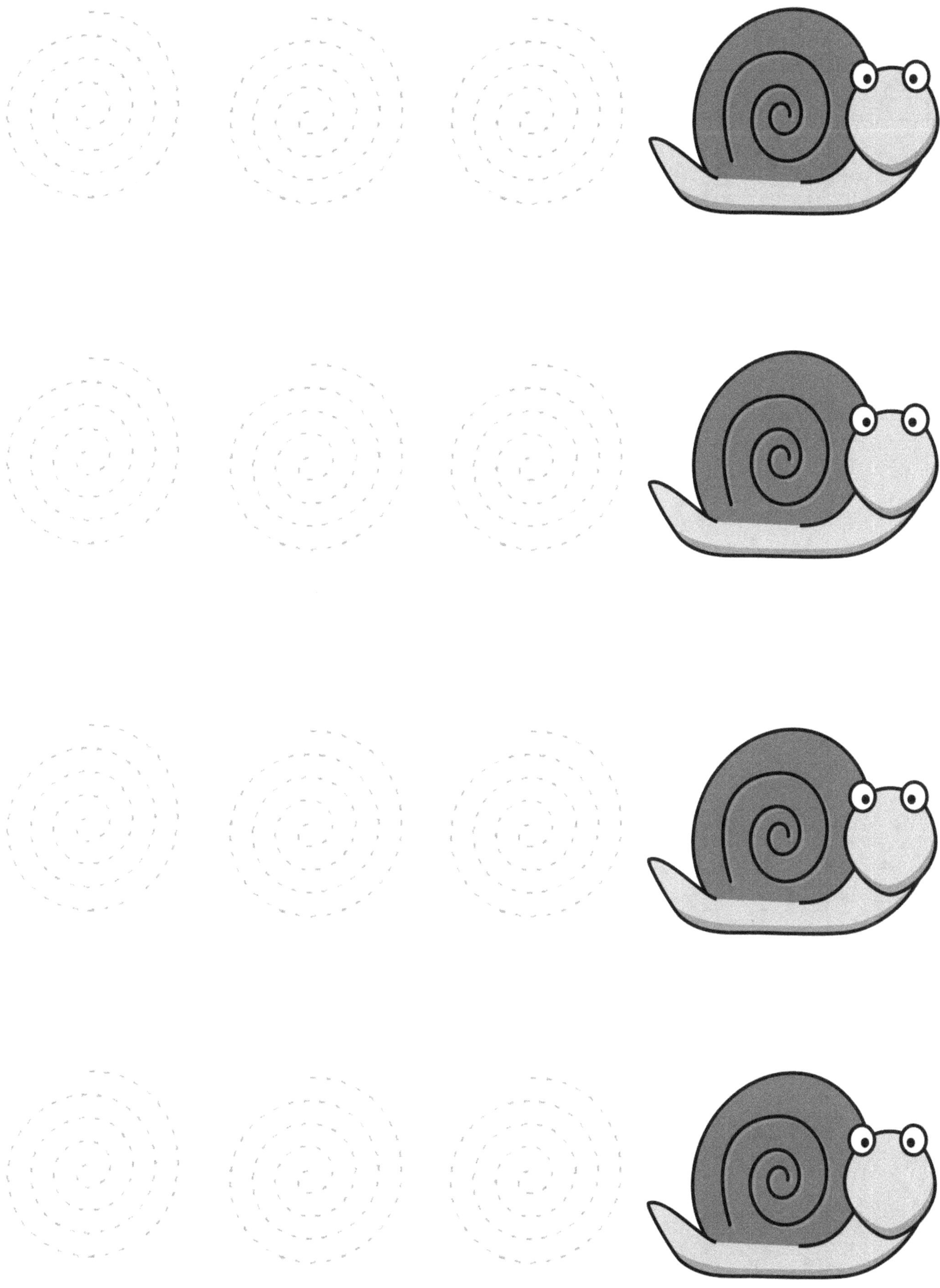

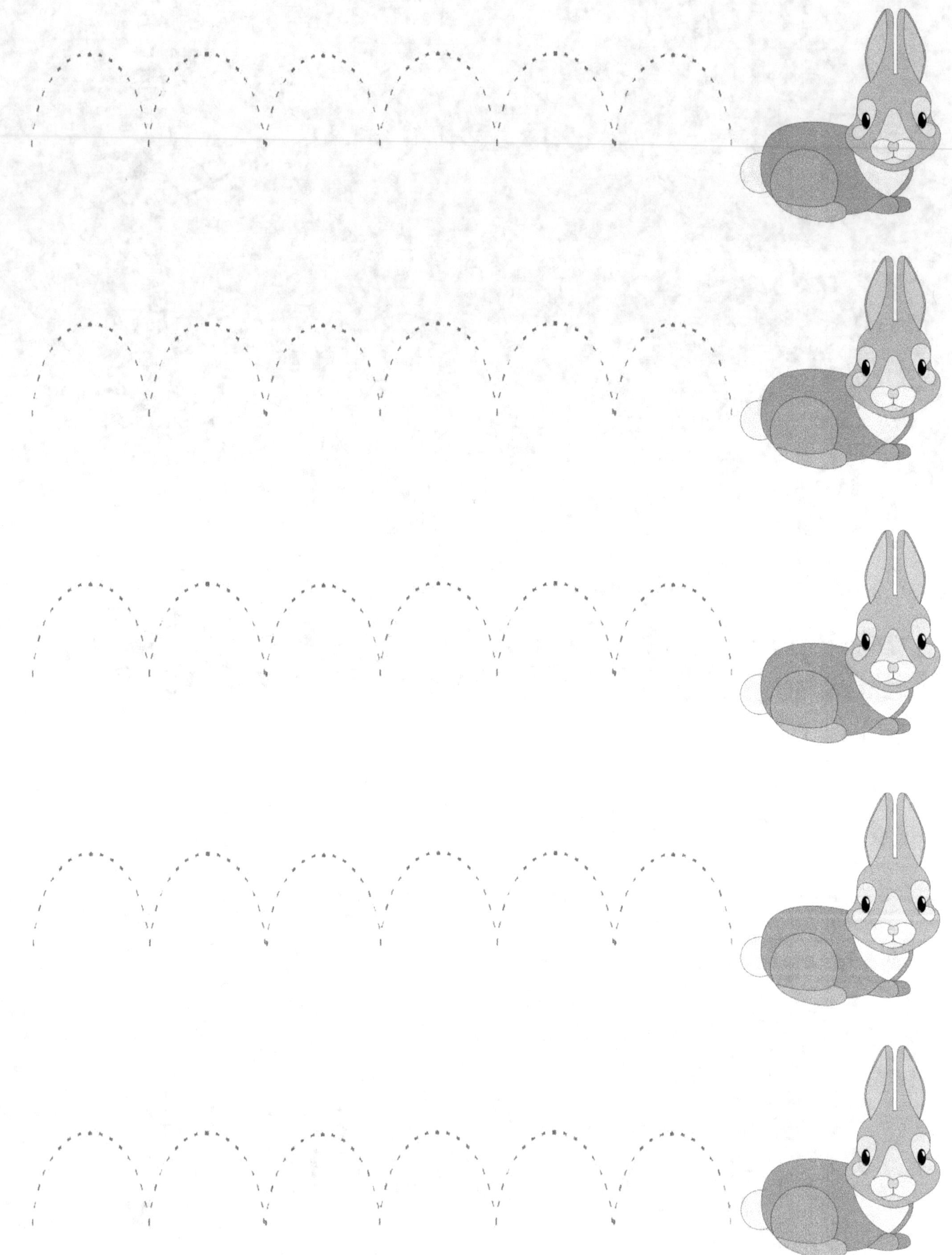